1989 Study Season on Agr fnds

UCNW Dept Report Notes 89-90: Summer vacation 1989 visited (a) several claim sites in airborne Turkey in late June (Orient Express cruise-lecture 17-30 June 89) and in Italy in July '89; (b) August 89 Lüneburg — (c) cont'd post-exc work on AGR. material, min-e soil samples at Fitch Lab., + site visits also (away Thurs 7 Sept — 30 Oct '89) so av. 1 month air Athens Mon 11 Sept. (Stayed Hugh's flat). Cruise + RE Jones + EPJ travelled Bari — Ancona — Patras / arriv Athens 11 Sept 89.

BSA Ann Rep for 988-89. p. 15. [JEJ] Preadran Shutts - "....was in Greece in late Summer, studying the Agr.Lega excavation results." (p 21) — 3 weeks in Sept 1989

ORIENT EXPRESS TRIP Thurs 15 June 1989 Bangor + B → London via Fri. 16/6/89 Rail: Calais-Paris (Paris) → VENICE arr 17.6.89 cruises A. 17-24 June, Paris Lyon. lecturing Hen Sat 1 – Tues at Modena B. 24 – 1 July 89 onboard. 1/7/89 – 4/7/89 — ill Rhodes. Hen 4 July Modena → Paris arr 5/7 Day trip my Paris — Lodi → Bangor on 6 July [So away 15 June – 6 July '89]

BSA AR 1989-90 p 15. JEJ readmitly Studyl. Was in Greece in late Summer studying the Agrileza excavation results.
ditto p (21) Attica, Agrileza. Following the scientific analyses selected mineral and other samples from the Attic silver-mining centre at Agrileza. Ann Report 1988-89 pp 35-6) Mr JEJ e Dr EPS spent 3 weeks in Sept. 1989 testing the results, recognising the archive collection of samples at Fitch Lab, collating of data there e on site visits. In Jan/Feb-April 90 Mr Jones notes at Athens and on site. in recent 19 April 1990 JEJ, with D. Smyth, L. Beaumont & G. Albright undertook grand survey of areas A,B,C, ed E plans of OPT e A+B comparison of walls, rooms, graves, towers E of Cusy e mapped. R. Anderson + Kite-born camera survey. Starts f Ephraim. BSA e BAc. fr grants.
(via Apr. Jan)

1990 Kite-borne air camera *

UCNW Dept. Rep. notes
In Greece (a) Thurs 4 – Sat 13 Jan 1990; 10 days at BSA worked in Fitch Lab and at Agr. in interpret of foil samples + EPJ.
Again in Greece (b) 24/3/90 – 5/4/90 * Jan 10-20/4/90 continuing work out Agrileza, with a supplementary grand survey, and an air photo (kite-borne cameras) survey (+ D. Smyth & R. Atkinson of Aversin School) (Feb 1990. Berlin Conference: my paper on planning contacts of Attic Ergasteria. 17.2.'90) 15-17 Feb '90 2.30-2.45 on Sat. 17.2.90

UCNW Dept Report notes
Summer Vacation 1990 < UCNW Dept report notes:
(a) lectured on Cunard Princess Cruise, 2 weeks July 1990
+ visits to S. Russia, Bulgaria, Varna, Greece, Turkey (b)
worked at home on Agr report [so no real visit to Greece for work in Summer '90.]

BSA ann. Report 1989-90 p.14. In Greece in Jan 90 to continue post exc. study of Agr. Excavation at Fitch Lab and on site [this was with EPJ] [4-13 Jan 90], e again in March – April '90 did a full grouve air-Mons survey at Agrileza. Ditto p. 21 extended para on EPJ + Agrileza field survey [4th Sept 89, Jan 90 + March-April Survey]

[Was in Eretria + Hyp just before his car stroke, e attend BSA Easter Party in upper Garden Easter '90]

* in between the two trips to Greece [March-April 5; 10-20 April — I was at Rave, best man at Nigel's wedding] *

AR 37 (1990-91) 12. Agrileza Area. "In 1990 Mr Jones (BSA) with colleagues recorded evidence of installations in the area made visible by the fires of recent years; kite photography was usefully employed

*"Δεν υπάρχει πόνος τόσο μεγάλος όσο η
ανάμνηση της χαράς στον παρόντα πόνο"*

***"Nid oes poen ddwysach
nag atgof o lawenydd yn nyddiau galar."***

Aeschylus

RHODRI JONES

COFION

ANGHARAD PRICE

MANON STEFFAN ROS

Cynnwys

Rhagair Myrddin ap Dafydd 9

Y Crawiau a'r Beddau Angharad Price 13

Ymlaen mae Canaan Steve Eaves 29

Clown in the Moon Dylan Thomas 47

Geriach Manon Steffan Ros 59

Gwe Iwan Llwyd 65

Abergwyngregyn Iwan Llwyd 79

Cyfrinach y gwynt John V. Morris 91

Cofion Rhodri Caradog Ellis Jones 93

John Ellis Jones Ceri Davies 101

Myrddin ap Dafydd

Rhagair

Dywedodd rhywun doeth wrthyf i ar ddechrau'r ganrif hon, pan gollais innau un o fy rhieni: 'Rwy'n dal i ddod i adnabod fy nhad, er ei fod wedi marw ers dros hanner canrif'. A dyna'r gwir yn fy mhrofiad innau hefyd. Mae atgofion ddoe yn dal i lifo'n ôl i lenwi'r presennol yn ddirybudd. Mor bwysig yw rhannu'r canfyddiadau hyn gydag eraill. Nid rhywbeth personol nac unig nac unigryw ydi byw gyda'r atgofion am rai rydan ni wedi'u colli. Fel y dywedodd rhywun arall, mae marwolaeth yn rhan o fywyd.

Er na chefais i erioed y cyfle i adnabod John Ellis Jones, rwy'n medru uniaethu gyda darluniau ac atgofion ei fab, Rhodri, ohono. Gan fod rhan o'r stori yn mynd â ni yn ôl i Ysgol Ramadeg Llanrwst, roedd pontydd eraill yn cael eu codi i hwyluso'r cyd-deimlo. Mae'r ffotograffau annwyl a thyner yn fy nghyffwrdd. Felly hefyd y cerddi a ddetholwyd a'r ysgrifau gan Angharad Price a Manon Steffan Ros – maen nhw'n teimlo mor gyfarwydd, gan droi galar yn sgwrs. Diolch yn arbennig i Angharad hefyd, ffrind agos i fam Rhodri, am ei gynorthwyo wrth ddethol barddoniaeth i'r gyfrol hon, ac am weithio drosto er mwyn sicrhau nawdd o'r gwahanol gronfeydd.

Collais ffrind agos yn ddiweddar. Mae'r gyfrol hon yn mynegi'r hyn sy'n cael ei rannu yn yr englyn hwn yn y gyfres sy'n cofio amdano. Dyna pam ei bod hi'n bwysig cyhoeddi a thrafod cyfrolau fel hon.

Ni all galar fynd na darfod yn llwyr,
Na lleihau; dygymod
A wnawn; gwisgwn ei gysgod:
Ar hyd bywyd, mae'n ein bod.

Angharad Price

Y Crawiau a'r Beddau

Mae fy llaw'n rhy fach i ddal llaw fy nhad yn esmwyth, felly dwi'n cau fy nwrn o gwmpas dau o'i fysedd. A dyna gychwyn ar ein taith ni rownd y bloc. Gadael ein cul de sac newydd ni a'r tarmac glas tywyll sy'n llifo fel llyn llefrith rhwng y tai, a mentro i le garwach: i lawr Llwybr Glan Gors ac yn ôl i fyny Llwybr y Fynwent. Taith chwarter awr i goesau bach – ac i ddyn synfyfyriol – ac eto, mae'n antur fawr i mi, yn ymweliad â byd arall.

Dwi'n sylweddoli erbyn hyn mai syniad Mam oedd o. Roedd fy nhad yn rhy ddiamynedd i fynd am dro ar ôl diwrnod o waith, yn enwedig â phlentyn bychan. Roedd Mam wedi synhwyro, hyd yn oed bryd hynny, y gwnâi'r chwarter awr o dro fyd o wahaniaeth inni'n dau.

Rydym yn gadael ein stad ni ac mae 'nhad yn ysgwyd ei law yn rhydd o 'ngafael i. Mae'n gwybod y gall adael llonydd i mi, a thrwy hynny gael dipyn o lonydd ei hun. Mae'n tybio fy mod yn ufudd. A beth bynnag, mae o angen ei ddwylo'n rhydd i danio'i getyn. Mae'n dod i stop wrth geg y llwybr, yn chwilota ym mhoced ei gôt ac yn cnocio'i getyn yn erbyn sawdl ei esgid nes bod y baco treuliedig yn syrthio allan yn ddisg bach tywyll. Mae'n estyn paced baco o'i boced arall, Whiskey Ready Rubbed, yn tynnu pinsiad ohono ac yn defnyddio'i fawd i'w wasgu i ben y bibell. O'r un boced mae'n nôl blwch melyn ac arno lun alarch. Sŵn rhwygo sydyn matsian yn tanio. Chwa o oglau brwmstan. Dwi'n gweld fy nhad yn dal y fatsian oleuedig yn un llaw a'r cetyn yn y llaw arall, ac yn dod â'r fflam a'r baco at ei gilydd. Rhes o gleciadau ysgafn wrth iddo dynnu'n galed i gael y tân i gynnau.

Mae'r mwg sbeislyd yn treiddio ataf trwy oglau pridd, deiliach a hen haearn Llwybr Glan Gors. Arogldarth fy nhad yn smocio. Wrth iddo ailgychwyn cerdded mae'n taflu ei ben yn ôl ac yn codi'i olygon draw tua rhyw orwel pell, rhywle ymhell y tu hwnt i'r Felinheli, rhywle nad oes gan greadur bychan fel fi byth obaith o'i ddirnad.

Ond mae gen innau gwmni – rhai sydd ar yr un lefel â mi. Nid y cypresus ystwyth, tywyll sy'n glawdd undonog rhwng fan hyn a'n stad ni, ond cymdeithion mwy agos-atoch. Dyma'r crawiau. Rhes o bileri llechi blêr wedi eu plannu'n ddwfn yn y tir, a weiren rydlyd yn plethu trwyddynt, a'r rheiny'n rhedeg hyd ymyl y llwybr yr holl ffordd at y gwaelod.

Dwi'n nabod cymeriad pob un a gwn ym mha drefn y dônt ataf. Y grawan dalcen llydan. Y grawan â'r goron bigog. Y grawan â'i chlust yn bochio. Y grawan dew a'r grawan denau. Y grawan gochlyd. Yr un â brech arian arni. Un â befal cam fel crechwen yn mynd trwyddi. Crawan wedi plicio fel cen pysgodyn. Crawan â llythrennau arni: J.J. 1909. Ac ymlaen, ac ymlaen, pob un yn wahanol ac unigryw. Ac eto, mae mwy na weiren yn eu dal ynghyd. Cymuned ydyn nhw. Gwarchodlu. Oll yn eu gynau gleision, maen nhw'n cadw'r cof am yr hen bentref chwarelyddol. Y pentref oedd yn bod cyn codi'n tai petryal ni, a chyn tollti tarmac dros y rhostir. Y pentref a'i olion yng nghowtiau llechi'r bythynnod, yng ngwich giât mochyn neu yn y crafu cas sy'n dod o frest hen ddynion. Ac yn fwyaf oll yn y crawiau. Nhw sy'n gwarchod y cof am hen bentref Bethel.

Mae 'nhad yn licio'r crawiau hefyd. Dydi hynny'n ddim syndod, efallai, ac yntau'n hanesydd. Meddwl am y gorffennol ydi'i bethau o. A rhyw hanner ffordd i lawr y llwybr mae o'n sefyll o flaen un o'r crawiau, yn tynnu ei getyn o'i geg ac yn gosod ei law ar ben y grawan sy'n digwydd bod o'i flaen. A dyna pryd mae'n cofio fy mod yno. Mae'n dechrau dweud rhywbeth am hanes fy mhentref wrthyf, rhywbeth am y chwarel fel arfer, dweud gwaith mor beryg oedd o, a chymaint oedd y galw am y llechi ar hyd y byd, ac mor ofnadwy oedd cau'r gwaith flwyddyn neu ddwy cyn fy ngeni i, pan gollodd llawer o ddynion Bethel eu gwaith.

Mae ei olygon yn rhedeg ar hyd y crawiau. Mae o'n gwerthfawrogi eu cyfoeth tlawd nhw, y terfyn maen nhw'n ei ddynodi, ond yn y man, gan roi'r bibell yn ôl yn ei geg, mae'n dechrau syllu dros eu pennau nhw – draw tuag wyneb brwynog, gwyllt y gors yr ochr arall. Mae'n ysgwyd ei ben, a thrwy gil ei wefus, mae'n dweud yn llawn rhyfeddod: 'Meddylia mai fel'na oedd Bethel i gyd cyn y chwarel.'

Wrth gwrs, dydw i'n gweld dim. Mae'r crawiau'n rhy uchel i mi weld drostynt. Ac felly dwi'n gorfod bodloni ar syllu ar fy nhad sy'n syllu tua'r gors yn synfyfyriol, y cyhyrau yn ei wyneb yn llacio, ei ysgwyddau'n dod i lawr. Mae 'na ryw foddhad yn altro'i wedd o. Mae o'n licio Llwybr Glan Gors, yr haenau o hanes sydd yma, a'r rheiny'n ymagor o'i flaen mor wastad â thudalennau llyfr y tu hwnt i glawr y crawiau.

Mae'n cymryd pwl neu ddau arall ar ei getyn. Ac yna, yn y man, heb frys, ar ôl cael ei smôc a'i ddogn o bersbectif, mae'n troi i ffwrdd a chario ymlaen i lawr y llwybr.

Dwi'n prysuro ar ei ôl yn ufudd. Ond wrth fynd i'w ganlyn dwi'n cymryd cip trwy'r bylchau rhwng y crawiau, y ffenestri ceimion, diwydr sy'n mynd heibio imi, un ar ôl y llall yn gyflym. Maen nhw fel rhyw ddyfais sinematig gyntefig sy'n dangos ffilm arswyd, fud y gors i mi. Byd lle mae'r boda'n wylofain a lle mae llwynogod yn cuddio. Rhyngfyd hanner dŵr a hanner tir, yn llawn pyllau a siglenni a'r rheiny'n beryg bywyd i blant bach fel fi. Cynfyd afreolus a diderfyn yn fan hyn, dim ond yr ochr draw i'r crawiau, a hwnnw'n gwasgu,

gwasgu ar ein pentref trefnus ni, a'i darmac llyfn, a'i dai petryal, a dim ond Llwybr Glan Gors yn camu rhyngom.

Ac felly, er bod y crawiau'n gwmni i mi, maen nhw'n fy mrawychu hefyd. Rhes o dduwiau ar ffurf llechi ydyn nhw. Maen nhw'n fy ngwarchod, ond hefyd, yn garedig a didrugaredd yr un pryd, yn datgelu ofnadwyaeth pethau i mi. A dyna pam dwi'n brysio at fy nhad ac yn cydio'n dynn-dynn yn ei law o, heb ollwng gafael nes ein bod yn cyrraedd pen draw'r llwybr a libart llydan y lôn waelod lle mae'r crawiau'n darfod.

Mae'n taith ni tuag adref yn wahanol. Tra bo Llwybr Glan Gors yn disgyn tuag i lawr, dringo'n raddol mae Llwybr y Fynwent. O ganlyniad, mae'n gofyn dipyn o ymdrech. Efallai mai dyna pam dydi 'nhad ddim yn ei licio. Mae'n llwybr culach hefyd, ei ddeuglawdd yn uchel a thrwchus, a phrin mae ysgwyddau 'nhad yn ffitio heb iddo orfod troi ei gorff ar slant neu blygu ei war a chrymu. Mae 'na gangau crwydrol yn crafangu amdano a llawes ei gôt yn mynd yn sownd mewn pigau. Dwi'n ei wylio'n bustachu i gael ei hun yn rhydd, yn dychryn o'i glywed yn rhegi. Ac yn diolch, am unwaith, fy mod i'n fychan. Mae'r trybini'n uwch i fyny, yn nes at y rhimyn main o awyr rhwng y ddau wrych. Dwi islaw'r drysni.

Mae'r lle fel bol buwch, a dim yn dangos y ffordd ond ambell bapur da-da yn sgleinio'n y brwgaitsh neu wydr potel wedi torri (mae 'na siop ar y pen pellaf). Mae 'nhad yn cyflymu ei gam. Wedi'r cyfan, mae amser yn gwasgu. Os daw 'na rywun i'n cyfarfod, oedolyn arall, mi fydd wedi canu arnom. Fydd 'na ddim gobaith inni allu pasio'n gilydd. Bydd raid i rywun ildio a bagio'n ôl yr holl ffordd at y gwaelod, fel lawr llwnc neidr Snakes and Ladders. Dim ond i orfod dechrau dringo eto, yn ôl trwy'r drain a'r brigau, fel petai'r ymdrech gyntaf erioed wedi bod.

Am hyn dydi Llwybr y Fynwent ddim wrth fodd fy nhad. Hynny a'r capel, yr un sy'n codi mor annisgwyl o'ch blaen wrth i chi rowndio'r gornel olaf. Mae'n ei syfrdanu bob tro, yr horwth llwydaidd, deulawr sy'n codi'n gawr uwchlaw gweddill adeiladau'r pentref, a mynwent dywyll wrth ei odre.

Mi fyddai rhywun wedi disgwyl iddo ei licio. Wedi'r cwbl, mae'n lle hanesyddol. Y capel a roddodd ei enw i'r pentref, Bethel, sef Tŷ Dduw, tua'r un pryd ag y tyfodd y chwarel. Mae'r dyddiadau ar gerrig y fynwent yn dyst i'r cyfan.

Ac mi fyddech yn meddwl y byddai'n licio'r beddau, a'r rheiny'n gymundeb o lechi, yn union fel y crawiau gynnau – ond bod y rhain yn fwy unffurf ac amhersonol (er gwaethaf yr enwau sydd wedi'u cerfio ar bob un).

Ond mae 'nhad yn eu casáu nhw, ac yn brysio heibio gan alw arnaf i beidio â thin-droi. Y drwg ydi, dwi'n licio'r capel. Yma dwi'n dod bob Sul yng nghwmni Mam a 'mrodyr, tra bo 'nhad yn cysgu'n hwyr. Dydi o ddim yn t'wyllu'r lle o wythnos i wythnos. Dydi o ddim yn ddyn crefyddol, meddai o. Ond ei golled o ydi hynny. Achos yma y byddwn yn cael clywed straeon lliwgar, a chanu emynau, a chnoi da-da Chewits, heb sôn am weld antis mewn ffrogiau tlws a chlywed hen ddynion yn gweddio, a chael gwisgo mewn dillad angel bob Nadolig.

Dwi'n licio'r fynwent hyd yn oed yn fwy na'r capel. Mae hi'n llawn dirgelwch. Mae'r hogiau mawr yn dweud bod yma gôsts, ysbrydion gwyn fel clytiau babi sy'n codi ganol nos wrth i'r beddau agor, gan hofran rhwng daear a nef. A dwi'n credu gair yr hogiau. Wedi'r cyfan, mae'r hyn na allwch ei weld yn ffaith bob dydd i blentyn. Ac os ydi 'nhad yn rhoi ei ffydd yn nherfyn fertigol y crawiau, mae gen innau ffydd yn ffin lorweddol y beddau, ac yn y ddeufyd sydd o bobtu. Beth bynnag, mae 'na dystiolaeth. Onid ydi galeri waharddedig y capel, yn ôl y sôn, yn mynd ran o'r ffordd tuag at y Nefoedd? A'r dwnjwn tywyll o flaen y siop (y byddwn yn pysgota ynddo weithiau â ffyn a chewing gum) yn gyrru yn ei flaen i grombil Uffern?

Ac felly dwi'n loetran, yno lle mae'r wal yn datgymalu, i sbecian drosodd tua'r fynwent dywyll. Yn dal fy ngwynt a chraffu, gan hel meddyliau am ffiniau'r llechi, yn union fel y gwnaeth fy nhad ar y llwybr arall.

Hanes a chrefydd. Does dim amheuaeth lle'r oedd fy nhad yn fwyaf hapus.

'Ty'd yn dy flaen, da hogan,' a'i lais yn caledu. 'Mae'n hen bryd inni fynd. Mae Mam a'r hogia'n disgwyl, yli.'

Ond mi wn, fel y gŵyr plentyn bach, nad hynny sydd o ddifri. Nid Mam, na'r hogia, na swper sydd i gyfri. Y capel ei hun sy'n styrbio 'nhad. Y fynwent yn enwedig.

Dwi'n deall erbyn hyn, wrth gwrs. Roedd o newydd golli'i dad ei hun, yn ddyn rhy ifanc. Yn union fel y gwnes innau'n ddiweddarach. Arswyd y bedd a'i gaead. Nid terfyn oedd llechi'r fynwent iddo fo, ond diwedd.

Bryd hynny, chlywn i ddim ond yr anniddigrwydd. Hynny a'r celwydd golau.

Ac felly dwi'n dal fy nhir, yn aros wrth y wal, gan ddal i syllu tua'r beddau am arwydd o gyffro. A rhyw argraff o fy nerth fy hun yn fy ngrymuso.

Ond mae 'nhad yn dechrau pledio. Mae'n estyn ei fraich tuag ataf, yn ymbalfalu am fy llaw fach i, ac o'r diwedd, dwi'n ei derbyn – o dosturi.

Ochr yn ochr a law yn llaw yr awn ni adref. Yn ôl at y tarmac glas. Yn ôl at Mam a 'mrodyr. Dim ond rhyw chwarter awr o antur fu hi i gyd. Ond roedd 'na rywbeth wedi dod i fod tra buom i ffwrdd, rhyw gyd-ddibyniaeth newydd. Cofiaf gynhesrwydd ei law hyd heddiw. Cofiaf ei maint anferthol. Ond cofiaf hefyd, wrth inni glosio eto at y tŷ, fod modd ei dal yn braf. Roedd fy llaw fach i 'di tyfu'n fwy yn y cyfamser.

Ymlaen mae Canaan

Pan fydd popeth sy'n annwyl i chdi
yn chwalu'n yfflon,
a hen ffrindia'n cadw draw – ymlaen mae Canaan;
pan wyt ti ar ben dy dennyn di,
yn ofni'r nos a'i bwgan
neu ar dy hyd yn y baw – ymlaen mae Canaan,
'danni i gyd fel Moses gynt
ar drywydd cyfamod,
'dan ni'n chwilio ar y ffriddoedd llwm
am lwybr i'r hafod.

Mae 'na gorwynt yn dwad ffordd hyn,
gwynt traed-y-meirwon,
Dogger, Fisher, Finistère, Rockall, Shannon;
dyma'r gwynt fydd yn chwalu'r ŷd,
dyma'r gwynt i'ch dychryn
ym more oes y mileniwm – ymlaen mae Canaan.

Rhyfadd fel 'dan ni'n dyfalbarhau
fel mulod gwantan,
ar ôl dy drechu a dy iselhau
ymlaen mae Canaan.

Dy anwyliaid sydd wrth y bwrdd
yn disgwyl amdanat,
dy hen gi'n gorfadd wrth y giât,
dy swper bron yn barod;
dyro'r pac yn ôl ar dy gefn – paid colli calon,
un filltir eto, boi – ymlaen mae Canaan.
Mae angen sgidia' cry'
i droedio'r uchelfannau
ond troednoeth ydan ni
ac ymlaen mae Canaan,
ymlaen, ymlaen.

Steve Eaves

Clown in the Moon

My tears are like the quiet drift
Of petals from some magic rose;
And all my grief flows from the rift
Of unremembered skies and snows.
I think, that if I touched the earth,
It would crumble;
It is so sad and beautiful,
So tremulously like a dream.

Dylan Thomas

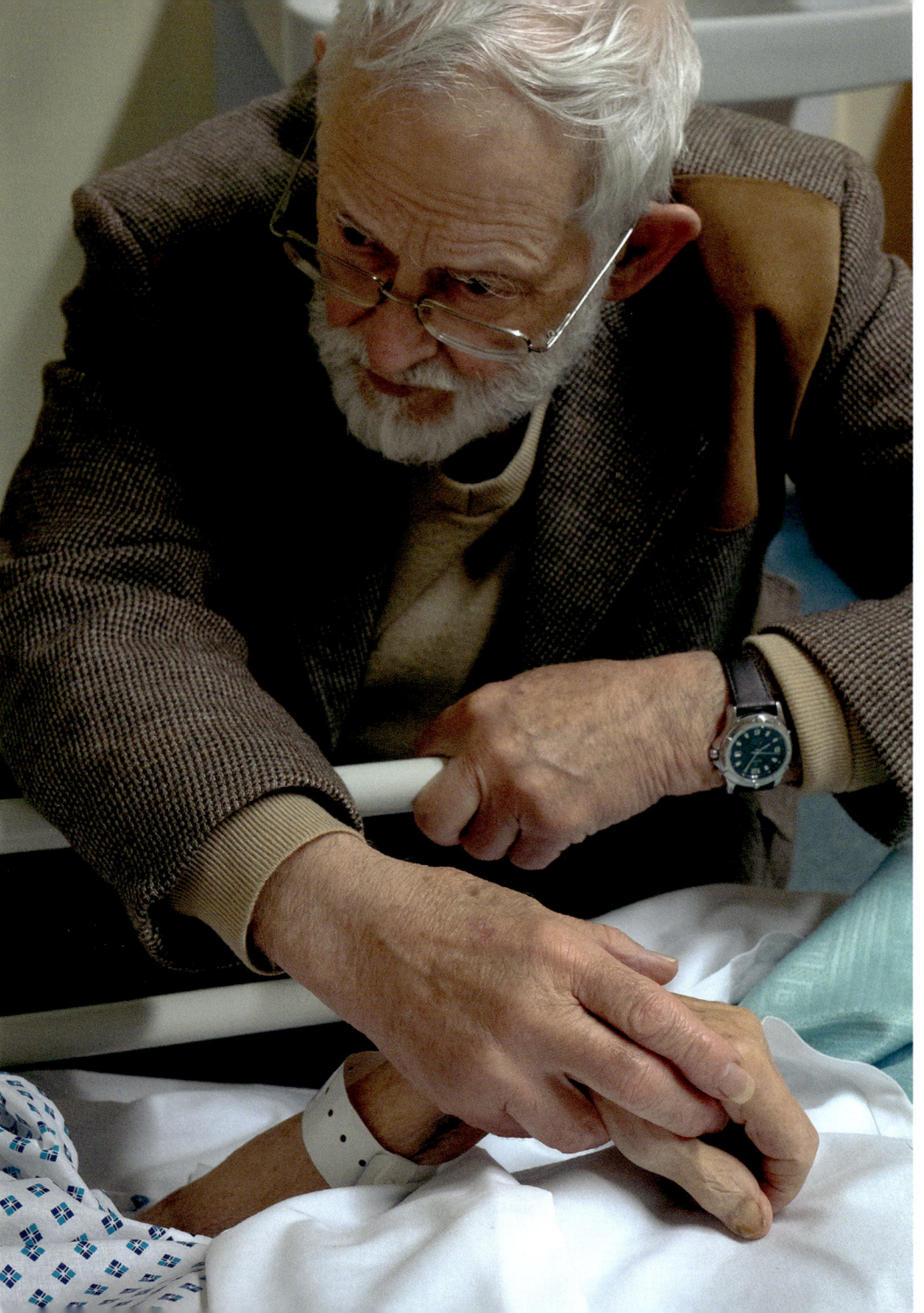

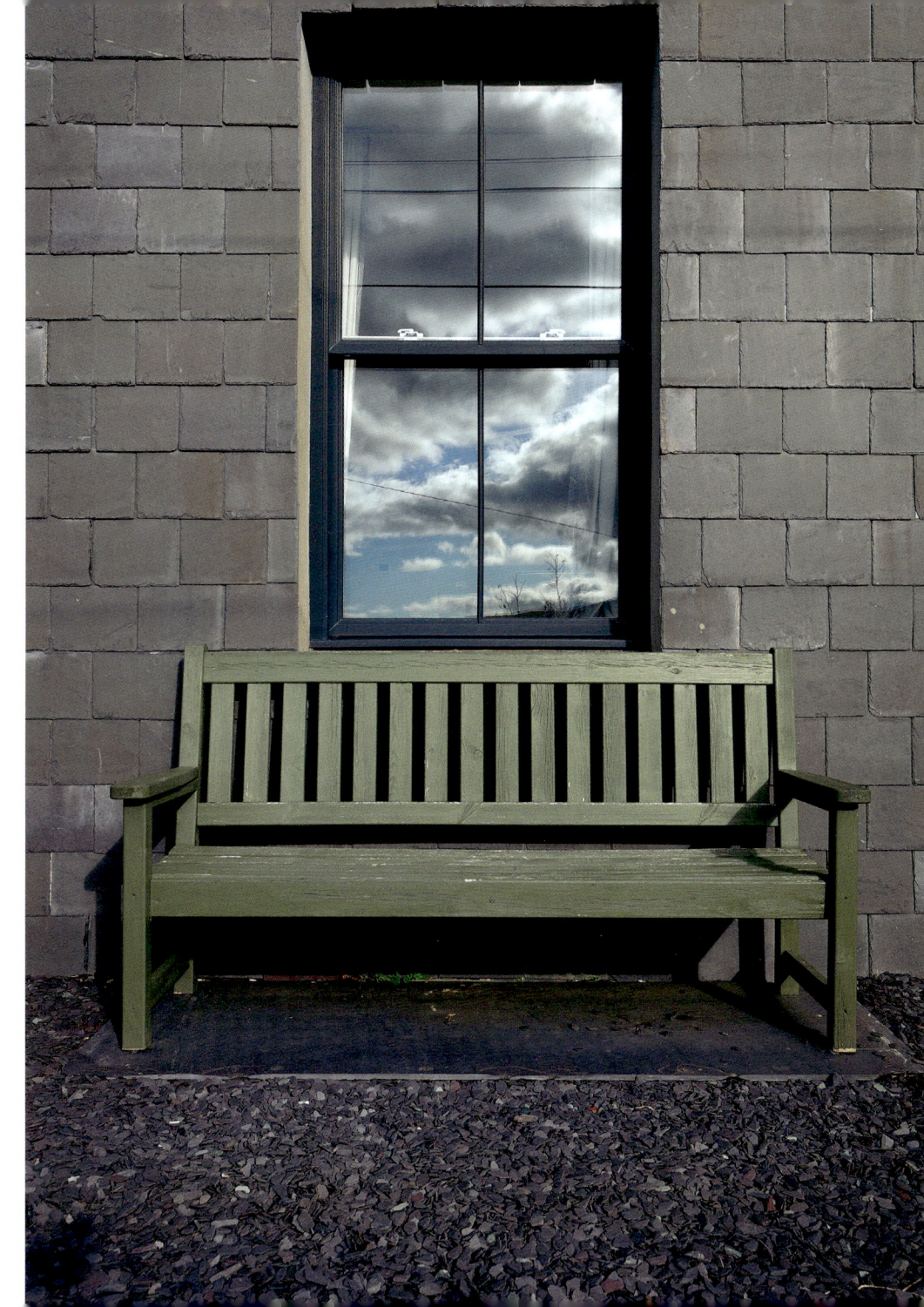

Manon Steffan Ros

Geriach

Ti'n gadael llanast ar dy ôl; dwi wedi dechrau ei fwynhau o.

Gwydrad o ddŵr sydd bron yn wag ar y bwrdd bach wrth y teledu, wedi bod yno'n ddigon hir i hel swigod bach o ocsigen. Hen oriad i rywle nad wyt ti'n cofio'n union lle mewn blwch llwch ar sil y ffenest. Tishw, glân ond wedi ei wasgu'n bêl blêr a'i adael wrth ochr y soffa. Dwi'n eu clirio nhw, wrth gwrs, ac yn rhegi wrth wneud, ond dwi rhywsut yn falch o dy anhrefn di. Mae o'n mynd ar fy nerfau ac yn gwneud i bopeth deimlo'n oce.

Ti'n gadael pethau yn y car hefyd. Dwi wedi ffindio derbynneb am jar o Nescafe a baco; a beiros, llwyth o feiros. Dwi'n trio taflu'r rybish, er fod hynny wedi mynd i deimlo'n od yn ddiweddar, ond fedra i ddim cael gwared ar y beiros. Dwi'n eu cadw nhw yn y drws ymhlith y CDs a'r pecynnau gwm cnoi. Roedd Mam yn arfer diawlio – Sy' raid i chdi brynu mwy o feiros bob un tro ti'n piciad i Smiths? Ac ro'n innau'n arfer eu dwyn nhw o ddrôr top dy ddesg di, i wneud gwaith cartref ac i fynd ar dy nerfau di. Roedd agor y ddrôr yna'n teimlo fel digon o drosedd heb orfod dwyn dim byd, er fod dim ynddo fo 'blaw beiros a hen boteli inc a staples a chlipiau papur. Roedd o'n rhan ohonat ti.

"Nes i gopïo dy lawysgrifen di," dywedais wrthot ti wythnos diwethaf, pan oeddan ni'n dau yn y car ar y ffordd i fynd am dro wrth yr ynys. Dyma 'da ni'n ei wneud rŵan – mynd allan ar dripiau, jest ni'n dau, i weld llyn neu fynydd neu ynys. Fel tasa hi'n hanner canrif yn ôl ac yn hanner tymor. Ti a fi wastad wedi licio ynys, ond dim ond o'r tir mawr. "O'dda chdi'n gwybod hynna?"

"Nghopïo i?"

"Ia". A dyma fi'n trio esbonio, wedyn, rhywbeth nad oeddwn i wedi ei gofio ers blynyddoedd – fi, rhwng bachgendod a bod yn ddyn, yn arbrofi gyda fy llawysgrifen. Oeddwn i am fod yn ddyn 'sgwennu bach, fel Parri, yr athro Saesneg oedd wastad yn drewi o smôcs ac yn siarad yn garismataidd dawel beryglus? Pa mor fawr a chrwn y gallwn lunio cynffonau pob y, g, a j heb i mi edrych yn blentynnaidd neu fel taswn i'n dangos fy hun? A fyddwn i'n marcio fy mhresenoldeb ar bob papur mewn priflythrennau fel y byddai Tony'r dyn glo yn ei wneud pan 'sgwennai filiau, ychydig yn hy yr olwg, diffyg lol ac addurn ei 'sgwennu o bron yn rhywbeth i'w edmygu?

"Chdi oedd efo'r sgwennu neisia'," dywedais yn syml, gan droi'r car i mewn i'r maes parcio. "Twt ond ddim yn ffysi. Nes i benderfynu 'sgwennu fatha chdi".

"O'dd pawb oedd yn mynd i'r cownti sgwl yn gorfod 'sgwennu 'run fath" atebodd Dad, gan wrthod, yn ôl ei arfer, y syniad 'mod i'n bod yn edmygus ohono.

"A wedyn mi wnes i benderfynu trio dy 'sgwennu di allan am 'chydig, i weld os fasa fo'n siwtio,'" (fel côt neu bâr o fenyg neu un o'r sgarffiau ro'n i'n eu cymryd oddi ar y pegs yn dy dŷ di weithiau), "Ac wedyn, ar ôl dipyn, nes i stopio meddwl amdano fo. Dyna oedd fy sgwennu i. Dyna ydi o rŵan". Wnest ti ddim ymateb, dim ond troi dy wyneb i edrych ar yr ynys yn agosau, gan wybod y bysa fo wastad yn bell.

Dwi ddim yn gwybod sut i ddiolch i ti am y pethau hyn, a dwyt tithau ddim yn gwybod sut i dderbyn diolch am yr hyn sydd ar unwaith yn anfesuriadwy o fawr ac yn anfesuriadwy o fach.

Mae natur dy bethau di wedi dechrau newid.

Eu natur, a'u gwerth hefyd. Rydan ni'n dau'n gwybod am yr hen watsh sy'n dal yn ei gas yng nghefn dy ddrôr dillad isa', a'r siaced croen dafad y bûm i'n ei ddeisyfu ers oeddwn i'n ddwy ar bymtheg yn llonydd yn y cwpwrdd, sgwariau bychain o lafant mewn cotwm wedi eu gosod yn y naill boced a'r llall. Mae 'na gasgliad o ffownten pens ar dy ddesg, yr inc wedi sychu yn y rhan fwyaf ohonyn nhw, ond mae 'na urddas iddyn nhw a arferai eu gwneud yn werthfawr.

Ond mae cyfnewidiad mewn gwerth wedi bod, a'r manion rhywsut wedi dod yn bwysiach na'r pethau mawrion hyn. Dy res o sanau'n sychu ar y rheiddiadur. Y llyfrau sy'n byw'n anurddasol fendigedig ar y sil ffenest y tu ôl i'r tŷ bach. A heddiw, ar ôl cawod, fe gasglais dy wallt gwyn o blwg y bath, ac yn lle dy regi di dan fy ngwynt am dy flerwch, fe eisteddais ar ymyl y bath, dy wallt di'n rimynnau o arian o gwmpas fy mysedd. Roedd o mor frau a hardd â gwe pry cop, ac er ei fod o'n ddim byd ond llanast a blerwch, fe welais rhywbeth yn sanctaidd yn dy wallt di. A fedrwn i wneud dim byd, wrth gwrs, heblaw taflu'r swp gwlyb i mewn i'r tŷ bach a thynnu'r tshaen, gan deimlo fel taswn i'n gwneud rhywbeth y byddwn i'n difaru.

Gallwn dy glywed di'n llusgo heibio ar y landin, y carped yn ochneidio dan dy draed.

Rwyt ti'n llonyddu'n araf bach, a'r llwybrau o'r gwely i'r ystafell 'molchi i'r soffa i'r tegell yn fap sy'n cau'n dynnach, y camau'n prinhau, pob symudiad diangen yn cael ei ollwng o dy lwybrau dyddiol. Mae adref wedi mynd yn ynys, a thithau, hefyd, fel petaet ti'n cilio tu ôl i ryw hen niwl.

Mae o wedi mynd yn ynysig, fel petai'n ymgilio.

Yn ddiweddar, ers i'r byd ddechrau arafu y tu mewn i'r tŷ a chyflymu y tu allan iddo, mae'r mab wedi dechrau pylu. Wedi dechrau gweld pethau'n wahanol, fel petai cyfnewidiad mewn gwerth pethau wedi dechrau digwydd, ond mae o'n anghywir. Yr un fath ydi bob dim, byth yn newid. Dim ond ei fod o'n gweld pethau'n wahanol rwan.

"Dwi 'di bod yn clirio," dywedais wrtho dros sgon wrth fwrdd y gegin wythnos diwethaf. "Mi fyddai isho iti fynd â ryw betha' i siop yr Ambiwlans Awyr yn dre, os wnei di".

"Pa fath o betha'?" gofynnodd o, ac mi allwn weld yr hogyn bach ynddo eto, yn y ffordd roedd ei lygaid yn erfyn am rywbeth na fedrwn i fyth ddeall yn iawn beth oedd o. Roedd y stêm o'i baned o'n codi fel ysbrydion rhyngof fi a fynta.

"Hen ddillad. Jest ryw geriach".

"Lle ma' nhw?"

''Stafell sbar. 'Sdim isho i chdi boetshan efo nhw rŵan hyn". Ond codi ar ei draed wnaeth o, a diflannu i berfedd y tŷ. Fedrwn i ddim gadael iddo fo fynd ar ei ben ei hun, er fod ganddo gymaint o hawl galw'r tŷ yma'n adref ag oedd gen i.

Eisteddais ar y gwely wrth iddo fynd drwy'r dillad roeddwn i wedi eu plygu mor ofalus i fag bin. Hen siwmperi neu gardigans nad oeddwn i prin wedi eu gwisgo, y rhan fwya'n anrhegion Nadolig diangen; crysau oedd heb fy ffitio i'n iawn ers y nawdegau; Ambell becyn newydd sbon o sanau oedd ddim yn soft top, ac felly byth wedi cael eu hagor.

"Dwi 'di cadw'r siaced 'na i ti" dywedais, fel petawn i'n gwneud esgus am ddrwgweithredu, er ei fod o'n hollol rhesymol i mi gael gwared ar bethau diangen. "Yr un sheepskin 'na oeddat ti'n licio 'stalwm. Ma'i angen Febreze ond mae 'na beth yn cwpwr'. Wisgai mo'ni eto".

Ond dim ond codi hen grys wnaeth o, un oedd wedi gwisgo'n denau denau fel hen groen ar y penelinau. "Fedri di'm cael gwared ar hwn!"

"Mae o'n hŷn na chdi'r diawl dwl" dywedais, y dôn yn ffeindiach na'r geiriau.
"Ond hwn o'dda chdi'n gwisgo i dorri'r gwair. A pan o'dda ni'n paentio'r landars".

Fo sydd wedi newid, dim fi.

Dwi'n gwanio, mi wn i hynny, fy nghorff i'n brifo'n haws fel y bydd o rŵan tan y Blinder Mawr Olaf. Ond y fo sy'n ynys, yn rhy bell i hen ŵr fel fi fedru ei gyrraedd o'r tir mawr. Fe wyliais i wrth iddo godi fy nillad o'r bag bin, ac yn eu bodio fel petaen nhw'n ysbrydion yn lle'n gotwm, gwlân, polyester. Y shorts a wisgais ar ein gwyliau i Glarach yn y garafan. Y crys polo sydd i'w weld yn y lluniau ohona i a Menna ar lethrau Moel Rhiwen yn hel llus, ei gwefusau hi'n borffor fel tasa hi'n gwisgo lipstic er nad oedd hi byth yn gwneud. Y crys torri gwair.

Mae o wedi dechrau meddwl am fy marwolaeth i, ac felly rydw i wedi mynd yn sanctaidd.

Dydy o ddim yn dadlau efo fi mwyach.

Dwi'n ei gofio'n tynnu'n groes – rhan ohono'n fy ngharu'n ddiamod, a rhan arall yn reddfol dynnu oddi wrth ei dad. 'Da ni wedi gweiddi ar ein gilydd, fo a finnau, am waith cartref a sigarets ac am ferchaid ac am Dduw. Dwi wedi ei alw'n siom, ac mae o wedi 'nghyhuddo i o fod yn dad gwael. A rhywsut, er gwaethaf y brwydro yna rhwng tad a mab – efallai o'i herwydd – 'da ni wedi caru'n gilydd yn deyrngar, yn ffyrnig. Roedd o'n fy ngharu i er mod i'n benstiff ac yn styfnig ac weithiau'n rhagfarnllyd. A rŵan, mae o'n fy ngharu i am 'mod i'n mynd i adael, a does dim byd yr un fath.

Wrth baratoi am fy ymadawiad, mae o'n dechrau gwerthfawrogi'r geriach o'm cwmpas sydd wedi bod yn ddim byd ond stwff tan yn ddiweddar.

Fe ddois i o hyd i rywbeth wrth i mi glirio'r cwpwrdd dillad.
Roedd o mewn bocs bach tlysau yng nghefn drôr gwaelod y wardrob, y math o focs mae rhywun yn ei gael wrth brynu modrwy neu glustdlysau o H. Samuel. Menna oedd wedi ei roi o yna – do'n i'n gwybod dim amdano – a rhywsut fe lwyddodd y bocs i guddio yn y clirio mawr a fu ar ôl iddi'n gadael ni.

Mae'r bocs yn cynnwys un gyrlen o'i wallt o.

Mae'n rhyfeddol o olau, i feddwl mor dywyll ydi o bellach – gwallt lliw mêl, dywedodd Menna unwaith, a finnau wedi ateb, gwallt lliw seidar! A dyma ni'n dau yn gwenu ar yr aur oedd yn coronni corun ein plentyn bach ni. Mae'r gyrlen yn gylch perffaith, ac ar ôl dod o hyd iddo, fe gyffyrddais blaenau fy mysedd hen yn y trysor yma y bu Menna'n ddigon hirben i'w gadw cyhyd, a chofio fel oeddat o, a fel oedd hi ac fel oeddwn i.

Dwi wedi ei dychmygu hi'n nôl y siswrn ar ryw ddiwrnod braf, ei bysedd hirion yn cymryd y gofal mwyaf wrth ddewis yr union gudyn gwallt, yn ei dorri, yn ei ddal yn ei llaw gosgeiddig, yn ffindio'r union focs i'w guddio ynddo. Ches i ddim bod yn ran o'r torri gwallt am na fyddwn i wedi gwerthfawrogi'r weithred. Roedd hi'n gweld sut fyddai pethau gymaint yn gliriach nag oeddwn i.

Mae dechrau a diwedd bywyd mor wyrthiol o debyg.

Roedden ni'n gwerthfawrogi pob cic o groth dy fam yn yr un ffordd ag wyt ti'n gwerthfawrogi pan mae fy hen gorff i'n caniatâu i mi gerdded ychydig yn bellach na'r arfer. Rwyt ti'n rhyfeddu at fy hen ddillad carpiog i fel yr arferwn innau archwilio'r babygros bach cynnes pan oeddat ti ar ein ffordd atom ni. Roedd dy gael di'n tynnu'n groes i mi pan oeddat ti'n hogyn bach yn gwneud i mi chwerthin, yn dotio at gryfder dy ewyllys. Rwyt tithau bellach yn plygu i f'ewyllys i, wedi oeri'r tân yn dy fol am dy fod ti'n gwybod na fydda i yma i ddadlau.

Dim ond geriach ydi'r gwallt babi a'r dillad carpiog a'r ynysoedd yn y diwedd; manion ein bywydau ni. Ond maen nhw'n magu sancteiddrwydd gydag amser, am mai yn y diwedd, dim ond y geriach fydd ar ôl.

GWE

Deilen yn crogi
Ar we pry' cop
A gwynt Tachwedd
Yn ei chwipio;

Yn ei chynnal yno,
Rhwng mur a mur,
Edau anweledig
Mor galed â deimwnd:

Mor ysgafn ag anadl:
Mor hyblyg â dŵr:
Yn cadw'r ddeilen
Fel llinyn bogail.

Iwan Llwyd

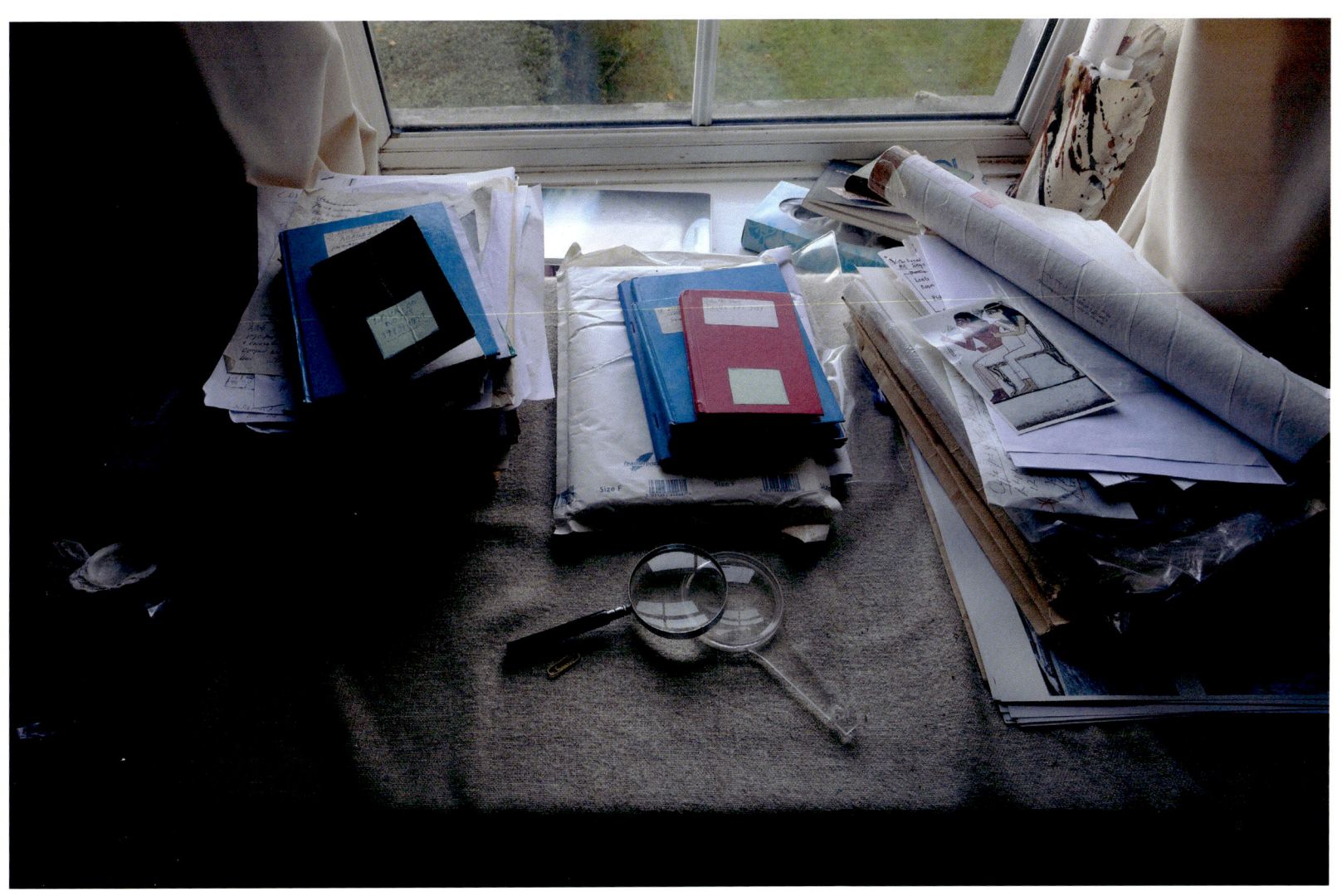

Abergwyngregyn

O dan ganrifoedd y glaswellt
mae'r hen lôn yn dal yno,
a'r cregyn gwynion, budur
yn dal i loywi'r daith:

dŵr Aber Ogwen dan adar,
a thŵr y Penrhyn yn dal i'n twyllo,
yn chwarae cuddiad yn y coed,
a phob cip yn gyfeiriad newydd:

Traeth Lafan ar drai
a baneri'r Fenai
yn chwifio'n glaerwyn
rhwng Biwmares ac Ynys Seiriol:

ar draws y caeau
mae traffig Gŵyl y Banc
yn nhinau'i gilydd ar y ffordd osgoi,
tra ein bod ninnau

yn troedio'n ddirwystr ar hyd y lan,
a thŵr eglwys Aber
a Phen y Bryn yn cyfeirio'n llwybr:
dilynwn y cregyn yn hyderus,

a'r llwybr a fu yma
cyn bod tyrau newydd ar lannau'r Fenai:
fe fyddan nhw yma eto
pan dagith y draffordd dan draffig:

uwch cri'r gwylanod a lleisiau'r llanw
a chlec y gwn dychryn brain,
mae sŵn hen siantiau a melodiau
yn cario ar draws y tywod,

ac fe fydd rhywun yn cerdded,
doed aeaf, doed haf,
yn dilyn y cregyn gwynion
o Fangor Fawr yn Arfon i Aber.

Iwan Llwyd

Cyfrinach y gwynt

Mae hiraeth yn yr awel,
Ac eco'r dyddiau gynt
A rhyw hen gyfeillgarwch,
Rhwng brigau'r coed a'r gwynt;
A thrist yw'r murmur isel,
A'r sgwrs sydd rhwng y ddau,
Fel drws ar fachau rhydlyd,
Yn agor ac yn cau.

Yr hesg ar lan yr afon,
Sy'n crio yn y gwynt,
Wrth gofio'r hen werinwyr,
A droediodd Wynedd gynt;
A'r bont sy'n gwylio yn ddistaw,
Drwy'r amser yn Mhen Llyn,
Ei golwg tua'r Wyddfa
Dros ddyffryn glas y glyn.

John V. Morris, Clwt-y-bont

Rhodri Caradog Ellis Jones

Cofion
21/12/2022

Ni wyddom lawer am hanes teulu Mam. Ganed Renée neu Renate, gan ddibynnu efo pwy roedd hi'n siarad (a'i hwyliau), yn blentyn anghyfreithlon i fam Almaenig yn Lwcsembwrg ar y 18fed o Ionawr, 1927. Chwe mis yn ddiweddarach cafodd ei mabwysiadu gan gwpl di-blant oedd yn byw yn Iserlohn, Nordrhein-Westfalen yn yr Almaen.

Cafodd Mam ei magu yn yr Almaen Natsïaidd cyn ac yn ystod yr Ail Ryfel Byd. Er na fyddai'n siarad rhyw lawer amdano, roedd olion trawma, yn ogystal â dylanwad y propaganda anferth y bu'n dyst iddo, yn amlwg hyd yn oed yn ei blynyddoedd olaf. Soniai am fod yn y Groes Goch yn ddeunaw oed ar ddiwedd y rhyfel, ac yn syth wedyn, iddi weithio mewn ysbyty lleol lle anfonid carcharorion rhyfel Sofietaidd ar ôl iddynt gael eu rhyddhau. Yna bu'n gweithio fel cyfieithydd i'r RAF am gyfnod. Efallai bod y swydd hon wedi ei helpu i greu cysylltiadau er mwyn symud i Lundain. Yno, yn ôl Mam, cafodd radd fel ysgolhaig y Cyngor Prydeinig tra'n gweithio fel *au pair* i deulu'r AS Cymreig, Lynn Ungoed-Thomas, ac yn ddiweddarach i'r teulu Khosla yn Llysgenhadaeth India a oedd newydd ei sefydlu. Ar ôl ei hastudiaethau bu'n dysgu daearyddiaeth, gan gynnwys mewn ysgolion bonedd Seisnig i ferched. Treuliai lawer o'i hamser sbâr yn teithio o gwmpas Prydain ac Ewrop.

Drwy gydol ei hoes, cadwodd Mam ei chenedligrwydd Lwcsembwrgaidd. Roedd yn rhan bwysig o'i hunaniaeth bersonol. Yn y bôn, *loner* fu hi erioed.

O gymharu, cafodd Dad fywyd cynnar llawer mwy cysgodol. Ganed John ar y 10fed o Hydref, 1929 yn Llanrwst. Roedd mam fy nhad, Margaret Ann (1898–1987), yn hanu o deulu o ffermwyr lleol, tra hanai ei dad, Evan (1881–1946), athro gwyddoniaeth yn yr ysgol ramadeg leol, o deulu o chwarelwyr llechi.

Roedd profiad Dad o'r rhyfel wedi'i gyfyngu i rannu ei gartref gyda phlant faciwî oedd yn ffoi rhag y bomio yn Lerpwl. Bu farw fy hen daid, William, pan oedd yn cerdded i'w waith yn un o chwareli Ffestiniog yn 57 oed, a bu farw Taid, hefyd o strôc, ychydig fisoedd ar ôl ei ymddeoliad. Bu'r golled yn sioc sylweddol i Dad, ond parhaodd â'i astudiaethau prifysgol gan dderbyn BA ym Mhrifysgol Cymru, Bangor lle bu wedyn yn Uwch-darlithydd yn Adran y Clasuron. Caniataodd

y swydd academaidd iddo ddilyn ei wir ddiddordeb angerddol, sef archaeoleg.

    Heddiw mae Dad yn 93 oed ac er ei fod yn dioddef o ddementia, gyda'i gof a'i iechyd cyffredinol yn gwaethygu, mae'n dal i allu adnabod teulu a ffrindiau a hyd yn oed eu lleisiau ar y ffôn. Mae Dad yn dweud ei fod wedi 'cadw ei nŵdls' oherwydd ei fod yn dal yn ddarllenwr brwd; bydd yn ailadrodd yr honiad hwn sawl gwaith mewn ychydig funudau. Hefyd, nid yw'n cofio beth fwytaodd ddeng munud yn ôl na beth roeddem yn ei drafod bum munud ynghynt. Roedd arwyddion amlwg o golli cof tymor byr yn fy nau riant ar ôl iddynt gyrraedd eu hwythdegau; mae hyn yn naturiol, mae'n digwydd i bawb. Beth bynnag, sylwais fod cof Dad wedi gwaethygu'n sylweddol ar ôl i Mam farw ym mis Medi 2016. Cafodd ddiagnosis o ddementia yn fuan wedyn. Er fy mod yn ymwybodol iawn y gallai hyn ddod i bob un ohonom, mae'n ymddangos yn dynged arbennig o greulon i hanesydd ac academydd golli ei gof a datblygu dementia.

    Ar yr Orient Express yn Iwgoslafia yn 1952 y gwnaeth fy rhieni gyfarfod. Roedd Mam yn teithio gyda ffrind o Ganada, tra roedd fy nhad ar ei ffordd i Wlad Groeg am y tro cyntaf gyda grant astudio. Er gwaethaf y lleoliad rhamantus, nid cariad ar amrantiad oedd o lle cawsant eu hysgubo oddi ar eu traed yn y fan a'r lle. Buont ar daith gyda'i gilydd am rai dyddiau i Wlad Groeg ac yn y diwedd Mam oedd yr un oedd yn gorfod gofyn i Dad am ei gyfeiriad. Trwy gydol eu perthynas, hi oedd bob amser yn gorfod cymryd yr awenau. Yn sicr, byddai dwy ddynes ifanc yn teithio gyda'i gilydd ar eu pennau eu hunain drwy Ewrop yn fuan ar ôl y rhyfel (ac yn aml yn bodio hefyd) wedi gwneud cryn argraff ar Dad. Ond mae'n debyg mai'r argraff fwyaf oedd eu bod wedi ymweld â Chymru eisoes. Tra roedd hi'n astudio yn Llundain, roedd Mam yn arfer mynd i ddarlleniadau barddol, ac roedd wedi'i swyno'n arbennig gan farddoniaeth Dylan Thomas. Efallai mai hynny (a dylanwad y teulu Ungoed-Thomas), a'i hysbrydolodd i dreulio amser yn teithio drwy Gymru. Syrthiodd mewn cariad â choedwigoedd, llynnoedd a mynyddoedd Eryri. Mam anfonodd lun ohoni'i hun at Dad rai wythnosau

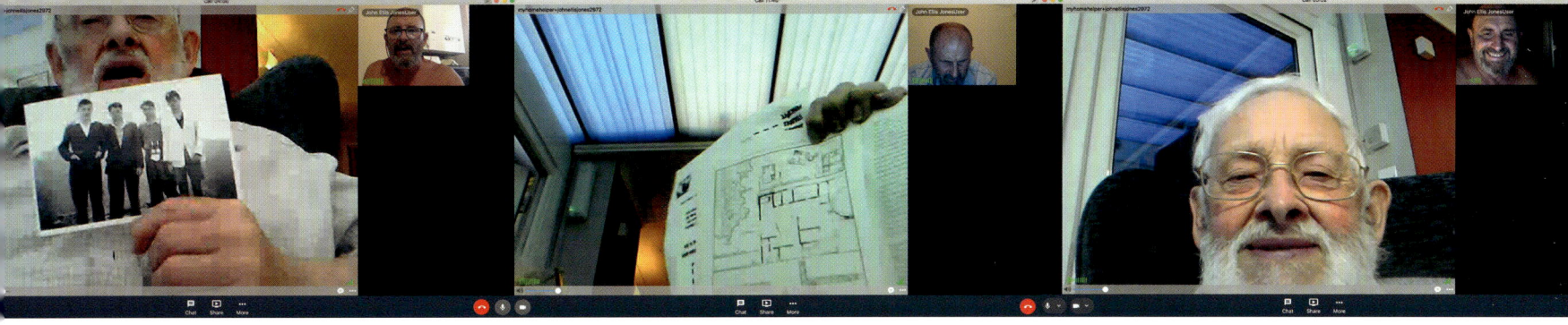

ar ôl iddynt gyfarfod, hi wnaeth ddechrau'r rhamant a'i meithrin wrth i Dad gwblhau ei radd ac yna ei Wasanaeth Milwrol yn 1957. Y stori yw bod Nain wedi gorfod ei wthio i gymryd y cam nesaf a gofyn i Mam ei briodi. Priododd y ddau yn 1958, yn gyntaf yn swyddfa'r cofrestrydd yn Great Dunmow, Lloegr, ac yna yn yr eglwys yn Iserlohn. Treuliwyd eu mis mêl ar gloddiad archaeolegol cyntaf fy nhad yng Ngwlad Groeg, sef 'Tŷ Dema'.

Dyna oedd y drefn bryd hynny. Rhoddid y flaenoriaeth i yrfa'r dyn; ei ddewisiadau ef mewn bywyd oedd yn cael blaenoriaeth, a'r wraig oedd yn gorfod dilyn a derbyn.

Roedd y confensiwn hefyd yn mynnu y dylid creu teulu yn y pen draw. Rwy'n siŵr bod Mam yn ddigon hapus i symud i Eryri, ond nid o reidrwydd i fflat bach yn Ffordd Farrar ym Mangor lle ganwyd fy chwaer, Angharad Wyn, ym mis Mehefin 1961. Yn ôl pob tebyg, Mam a fentrodd fynd i chwilio am gartref teuluol y tu allan i'r ddinas fechan, ac yn haf 1963 symudodd y teulu i 2 Fron Heulog, Sling, Tregarth. Yn hwyrach y flwyddyn honno, nos Galan 1963, cefais i, Rhodri Caradog, fy ngeni. Oherwydd ofnau bod Mam yn heneiddio, ganed Catrin Rhiannon, fy ail chwaer, yn Ysbyty Dewi Sant, Bangor ym mis Hydref 1967.

Ni allech gael eich magu mewn lle gwell na Fron Heulog. Roedd yna ardd fawr a choedwigoedd bach, llefydd i chwarae'n ddiogel ynddynt. Roedd hyd yn oed nant fechan gerllaw. Unwaith yr oeddem yn ddigon hen i grwydro ymhellach, roedd digon o ffridd (tir comin) a choedwigoedd mwy i wneud den ynddynt a hefyd i adael i'n dychymyg redeg yn derfysg. Yn ddiweddarach, roedd Moelyci, y mynydd uwchben ein cartref, yn cynnig golygfeydd gwych 360° o'r mynyddoedd a'r môr. A thu hwnt i'n harddegau cynnar roedd Parc Cenedlaethol Eryri yno i grwydro ynddo a'i ddarganfod. Roeddem hefyd yn hynod o ffodus o gael ein magu gyda thair iaith, a chael ein cyflwyno i sawl un arall, gan y byddai fy rhieni yn aml yn croesawu ffrindiau tramor atom.

Ni fyddai'r un o'r tri ohonom yn disgrifio ein rhieni fel rhieni 'naturiol', a byddai mam yn aml yn cwyno ei bod 'yn sownd mewn cornel ynysig o Ewrop'. Ond fel y mwyafrif, fe wnaethon nhw eu gorau a chawsom ein magu i fod

yn annibynnol o oedran cynnar iawn. Roedd teithio'n aml i Wlad Groeg a'r Almaen, yn gyntaf fel teulu ac yna ar ein liwt ein hunain, hefyd yn gymorth i ddatblygu ein hannibyniaeth a'n hunanhyder. Doedd dim dewis; gadawodd Angharad, Catrin a minnau Fron Heulog y cyfle cyntaf a gawsom. Roeddem yn teimlo'r angen i ledu ein gorwelion.

Ers fy arddegau cynnar rwyf yn teimlo bod fy mherthynas gyda Dad yn debyg i berthynas rhwng ffrindiau. Rydym yn fêts yn hytrach na thad a mab. Roedd bod ar *digs* archaeolegol gydag ef yn fy ieuenctid wedi dylanwadu'n fawr ar fy newisiadau bywyd a'm hagwedd at fywyd – fy *Weltanschauung*. Tra roedd Mam, Angharad a Catrin ar wyliau ar ynys Euboea, byddwn i'n helpu Dad i chwilio safleoedd diwydiannol yr hen Roeg glasurol yn ne Attica. Wrth i'r tîm ddod o hyd i'r olion, ac wrth i Dad ddarlunio eu sylfeini, byddwn yn dychmygu sut fywyd fu gan y rhai oedd wedi byw yno (gan gynnwys y caethweision), ac yn gresynu at y diffyg ffresgos a fyddai wedi darlunio eu realiti nhw. Wedi'r cyfan, roeddwn wedi gweld llawer o ddelweddau yn ffresgos Pompei a'r darluniau hynafol mewn ogofâu yn Ffrainc a Sbaen, heb sôn am y papur wal yn fy ystafell wely.

Ers dros ddeng mlynedd ar hugain, ffotograffiaeth yw fy mhroffesiwn, fy niddordeb angerddol, a hefyd fy therapi. Er mwyn ceisio deall yr hyn sydd o'm cwmpas ac ymddygiad pobl, rwy'n sbio ar bopeth â llygad beirniadol ac yna'n dogfennu fy sylwadau mewn un clic. Rwyf hefyd yn archwilio ac yn cofnodi fy emosiynau fy hun gyda ffotograffiaeth, sydd, diolch i'w natur ddigymell, yn gallu creu hud wrth ddadansoddi cydamseredd *(synchronicity)* y presennol. Nid wyf yn arbenigwr, ond rwyf wedi gweld sut y gall sioc gorfforol ac emosiynol waethygu ein hiechyd meddwl yn ddifrifol. Nid yw colli anwyliaid a galaru yn eithriad.

Nid oes dim yn barhaol, ac mae'n naturiol i ni i gyd brofi marwolaeth ein rhieni. Ac er ei fod yn llawer llai trawmatig na'r ffordd arall, trawma o fath ydyw serch hynny. Mae Dad ar ei ffordd i Ganaan. Ers i Mam farw, rwyf wedi ceisio treulio cymaint o amser â phosib gydag ef, er fy mod yn byw a gweithio yn yr Eidal. Tra gallwn. Dim ond

ychydig o'r lluniau a dynnwyd yn ystod y cyfnod hwn sydd yn y gyfres yma. Hyd at fis Mawrth 2020, roedd Dad yn byw ar ei ben ei hun yn Fron Heulog, ac yn awr mae'n rhaid i ni werthu'r tŷ. Yna'r cwymp diarhebol, ac yntau'n torri ei glun (wrth siopa yn *Iceland*). Ar ôl hynny, doedd hi ddim yn bosib iddo fyw yn annibynnol, hyd yn oed gyda'r staff gofal cartref lleol, a oedd yn wych, yn galw i mewn bedair gwaith y dydd – yn enwedig yn ystod COVID.

Ym mis Hydref 2020 ymwelais â fy nhad adeg ei ben-blwydd. Doeddwn i ddim wedi dod gyda fy fan a doeddwn i ddim wedi gallu llogi car. Felly, yn ddyddiol bron, roeddwn yn cerdded yr wyth milltir rhwng Sling a'r cartref gofal yn Llanberis lle mae Dad wedi bod yn byw ers ei ddamwain. Fel bob amser, tynnais luniau. Fe wnes i rywbeth tebyg yn 2022. Mae'r tirluniau a'r lluniau o'r tŷ sydd yn y llyfr hwn, yn deillio o'r ddwy daith

Rhodri Jones   Volta Reno, Bologna

Ceri Davies

John Ellis Jones
1929-2023

Ysgolhaig clasurol ac archeolegydd a gydnabyddid yn gydwladol ac a fu'n lladmerydd egnïol i'w bwnc yng Nghymru

Gyda marw John Ellis Jones dibennwyd stori astudio diwylliannau Groeg a Rhufain, eu hieithoedd a'u hanes a'u llên, ym Mhrifysgol Bangor ac yng ngogledd Cymru. Yn frodor o Lanrwst, aethai'n fyfyriwr i'r 'Coleg ar y Bryn' yn 1947: mynd o Ysgol Ramadeg Llanrwst, lle bu ei dad yn ddirprwy bennaeth a'r clasurydd llengar H. Parry Jones yn brifathro hyd 1946. Prifathro Bangor oedd Syr Emrys Evans, clasurydd penigamp arall o Gymro, ac yn yr Adrannau Lladin a Groeg meithrinwyd talentau John gan ysgolheigion dawnus. Graddiodd gyda'r anrhydedd uchaf mewn Lladin yn 1950, mewn Groeg yn 1951, a thystysgrif athro yn 1952.

Bu canol y 1950au yn gyfnod ffurfiannol iddo. Gyda'i egni di-ben-draw (pwy ond John a fyddai wedi dewis cleddyfa yn hobi wedi ymddeol?) a'i hoffter o fentro ar feic neu ar droed i fannau diarffordd, câi ei ddenu at waith archeoleg maes. Gwnaeth beth cloddio ar safleoedd milwrol Rhufeinig yng Nghymru. Ond yr agoriad mawr oedd ennill ysgoloriaethau i fynd i Wlad Groeg a dechrau perthynas hir a ffrwythlon â sefydliad ymchwil yr Ysgol Brydeinig yn Athen. Yno daeth i adnabod ei gyfaill oes, L. Hugh Sackett: yn ei gwmni ef ymgyfarwyddodd â phrif safleoedd archeolegol tir mawr ac ynysoedd Groeg, cyn canolbwyntio ar brosiectau penodol a'i dug am ddegawdau i ranbarth Attica.

Ond yr oedd galwadau eraill: cyflawni gwasanaeth milwrol Prydeinig, ceisio swydd sefydlog. Am flwyddyn bu'n ddarlithydd cynorthwyol ym Mhrifysgol Caerlŷr, cyn ei benodi yn 1958 i staff y Clasuron ym Mangor. Ac yno yr arhosodd nes ymddeol yn 1995, yr olaf o glasurwyr Bangor, yn yr Adran Saesneg wedi cau Adran y Clasuron yn 1988 a mudo ei gyn-gyd-weithwyr i Brifysgol Durham. Cyfrannodd yn egnïol at ffyniant y Clasuron ym Mangor – fel hyfforddwr gwybodus, brwdfrydig, a threfnydd diflino ar ddigwyddiadau, mewnol ac allanol, i hyrwyddo amrywiol agweddau ei bwnc. Loes iddo oedd gweld 'y Roeg' (chwedl Gwenallt) 'yn cael ei chlwyfo hyd angau yn y ceyrydd addysg, ... y clasuron yn clafychu'. Ond nid oedd suro yng nghyfansoddiad John. Parhaodd, wedi ymddeol, i drefnu cyfarfodydd dirifedi o Gangen Bangor y *Classical Association*, mwy nag unrhyw gangen arall ledled Prydain.

Trwy'r blynyddoedd, hefyd, parhaodd yr ymchwil yn Attica: ar grochenwaith, ar dai annedd cynnar, a gwaith cwbl arloesol ar safle anghysbell mwynglawdd arian Agrileza ger Lavrion. Mae adroddiadau cyhoeddedig John, yn cynnwys planiau a lluniau (ei artistwaith campus ef ei hun), heb sôn am ysbrydoli dilyniant o archeolegwyr ifainc, oll yn tystio i arbenigrwydd ei gyfraniad. Troer heddiw at unrhyw lawlyfr safonol ar archeoleg Groeg, a gwelir ei enw.

Digwyddiad cyhoeddus olaf John oedd cadeirio cyfarfod Adran Glasurol hen 'Urdd Graddedigion Prifysgol Cymru' yn Eisteddfod Genedlaethol Dyffryn Conwy – pa le cymhwysach? – yn 2019. Bu'n un o swyddogion yr Adran ers ei sefydlu yn 1951, a mawr fu'r hwyl mewn cyfarfodydd yn yr Eisteddfod, yng Ngregynog, ac mewn ysgolion undydd. Yn enw'r Adran cyhoeddodd lawer yn Gymraeg: yn bennaf oll, rhagymadrodd a nodiadau cynhwysfawr i Tacitus, *Cofiant Agricola* (1975). Ni welir ei debyg eto. 'Ond,' a dyfynnu fersiwn T. Gwynn Jones o eiriau'r bardd Groeg Calimachos, 'na ddyweded undyn mai bedd yw diwedd y da'.

Ganed John Ellis Jones ar 10 Hydref 1929. Bu farw ar 28 Ionawr 2023.

Angharad Price (1972): magwyd ym Methel, Caernarfon. Astudiodd Ieithoedd Modern yng Ngholeg Iesu, Rhydychen, lle cwblhaodd hefyd PhD mewn Astudiaethau Celtaidd. Bellach yn Athro'r Gymraeg ym Mhrifysgol Bangor, mae'n awdur tair nofel, dau gasgliad o ysgrifau a sawl cyfrol academaidd. Cyfieithwyd ei nofel, O Tyn y Gorchudd, a enillodd y Fedal Ryddiaith yn Eisteddfod Genedlaethol 2002, i chwe iaith. Yn 2014 dyfarnwyd iddi Fedal Glyndŵr am gyfraniad nodedig i'r celfyddydau yng Nghymru.

Manon Steffan Ros (1983): magwyd yn Rhiwlas ger Bangor. Mae'n nofelydd, dramodydd, sgriptwraig a cherddor. Yn awdur dros ugain o lyfrau plant a phobl ifanc, mae wedi ennill gwobr Tir na nOg bum gwaith. Enillodd Dlws Drama'r Eisteddfod Genedlaethol ddwywaith a'r Fedal Ryddiaith yn 2018 am ei champwaith *Llyfr Glas Nebo* sydd wedi'i gyfieithu i gryn ddwsin o ieithoedd eisoes. Yn 2023, enillodd Fedal Yoto Carnegie am ei chyfieithiad Saesneg o'r gyfrol honno.

Rhodri Jones (1963): magwyd yn Sling, ger Bethesda, ond symudodd i'r Eidal yn 1982. Mae wedi setlo yn Bologna ers 2000 a daeth yn ddinesydd Eidalaidd yn 2022. Mae wedi gweithio fel ffotograffydd proffesiynol ar hyd ac ar led y byd ar brosiectau personol a chomisiynau ers 1989. Cyhoeddodd chwe chasgliad personol o ffotograffau. *Made in China* (Logos Art, Yr Eidal 2002), *Return/Yn Ôl* (Seren, Cymru 2006), *Hinterland* (L'artiere, Yr Eidal 2010), *Scambi Ferroviari* (L'artiere, 2011), *Cosi E'* (L'artiere, 2015) a *Marconi Express* (Forma, Yr Eidal 2019).

Cafodd ei ddisgrifio gan y ffotograffydd Magnum, Philip Jones Griffiths, fel "bardd Cymraeg efo camera". Cyflwynodd ei waith i arddangosfeydd unigol yn Tsieina, Eire, Lloegr, Ffrainc, Gwlad Groeg, Yr Eidal, Yr Iseldiroedd, Gwlad Pwyl, Unol Daleithiau America, a Chymru. Defnyddiwyd ei ddelweddau mewn papurau newydd a chyfnodolion nodedig, NGOs a chan gyhoeddwyr ar draws y byd. Cedwir ei waith mewn nifer o gasgliadau cyhoeddus a phreifat.

Cofion

Photographs © Rhodri Jones
Essays © Angharad Price | Manon Steffan Ros | Rhodri Jones
Poems © Steve Eaves | Dylan Thomas | Iwan Llwyd | John V. Morris
Obituary Prof. Ceri Davies

All Rights reserved. No part of this book may be reproduced in any manner in any media
or trasmitted by any means whatsoever, electronic or mechanical
(including photocopy, film or video recording, internet posting, or any other information storage
and retrieval system), without the prior permission of the publisher.
There are no A.I. products in this book.

Design by Emanuele Lamedica

Published by Gwasg Carreg Gwalch, Llanrwst, Cymru
Printed by Gwasg Gomer, Llandysul, Cymru

Cyhoeddwyd y gyfrol hon gyda chyfraniad caredig Cronfa Bangor, Cronfa Alumni Prifysgol Bangor ac Adran Glasurol Cymdeithas Cyn-fyfyrwyr Prifysgol Cymru.

Diolch o galon am gyfraniad anferth Angharad Price, Manon Steffan Ros a Emanuele Lamedica.

Diolch hefyd i Steve Eaves am ganiatâd i ddefnyddio'r gerdd *Ymlaen mae Canaan*; Robat Trefor, Gwasg Taf am ganiatâd i ddefnyddio cerddi Iwan Llwyd; teulu John V. Morris ac *Eco'r Wyddfa* am ganiatâd i ddefnyddio'r gerdd *Cyfrinach y Gwynt* ac i'r Athro Ceri Davies a'r cylchgrawn *Barn* am ganiatâd i ddefnyddio rhan o'r deyrnged a gyhoeddwyd yn rhifyn 722, (03/2023).
Diolch hefyd am gefnogaeth fy nheulu, Angharad Wyn, Catrin Rhianon a Gruff a fy mhartner, Liz.

**This book was published with the kind contribution of the Bangor Fund, the Bangor University Alumni Fund and the Classical Section, University of Wales Alumni Association.
Many thanks for the huge contribution of Angahard Price, Manon Steffan Ros and Emanuele Lamedica.**

Thanks also to Steve Eaves for permission to use the poem *Ymlaen mae Canaan*; Robat Trefor, Gwasg Taf for permission to use Iwan Llwyd's poems; the John V. Morris family and *Eco'r Wyddfa* for permission to use the poem *Cyfrinach y Gwynt* and to Prof. Ceri Davies and the magazine *Barn* for permission to use part of the tribute published in number 722, (03 /2023).
Thanks also to my family; Angharad Wyn, Catrin Rhianon and Gruff and my partner, Liz.

1978 Excavation
21/7/78 — 25/8/78

BSA Annual Report 1977-78 p.9. JEJ. Readmitted Student. Was in Greece during April conducting a party of Students around Attica. He returned to Greece for July and August. We too decided on second season of fieldwork at the industrial site in the Agrileza Valley, Laurion. See also p.16. In a second season at Agr. "Laur huts", JEJ & team concentrated eleven of compound area + wholly C.A. one of 3 well pres. rooms within a square plan built semi-rock-bearing ? Storeroom ?, and a part of Lower earth-floored room partially workshop, which produced a lovely vase, a cave over ice save (& pots). Thus 8 days again & force of three workmen, ages + 6 very year diggers. At any rate 1978 proved year of Excavation permit, but with awkward wait for permit, arrived early in July, could not start till 21 July then not really till 31/7/78. (so lay genspr 31/7/78)

Re visit Excavation Permit (delayed a bit)

Staff alt. for Greece: BSA 562, Mon 3/7/78
J.E.J. all the time. L.H. Sackett (short time at start/early)
Mr John D. Smart (till Fri 18/8); David Smyth (21 — Sun 26/8)
D.K. Brown) Miss Terry Unsworth (— Sun 13/8) Miss Christine G- UC
Gareth Griffiths Cardiff (July - 29/8). Andreas Seefeldt (July - 10 Aug) arr. 20/7
Rhodri Ellis Jones (July - 10/8/78) [Flew in UK Manchester 20/7 7 Penwllyn] (solvent Andreas Kleer 20/7-10/8)

Workmen Sotiris Dalaretos, Petros Papa... (2 weeks). A Thanassos Drogozes
Nikos Drogozes. George (replaced for Petros P. for week 3)
Lambros (boy grandson Nikos Trikalistis). Nikos Trekaliotis in 4th week

Dates Tra Transfer to Thorikos post-Tues 18/7/78.
Fieldwork. Fri. 21/7/78 - end of August: excavation 21/7 - 25/Aug.
Pocket Diary Notes & arrived School (- BSA) Begin Thurs 20/7 an 1st week
from 5 July on (so arrived w/JEJ June) → Tues 18/7 Andreas arr
Start work 21/7. Sat. Mon. 24/7 no workmen Tues 1 workman
22 visited site + cut tree 25/7 (Sotiris) + staff
Wed. 26/7 1 workman + staff. Th. 27/7 no workmen. Fri 28/7 no workmen
Count + dwelled to site Brauron

Mon 31/7 4 workmen [Tues 1/8 Paula Epidauros trial day] Wed Const 2/8 Crippled off left 2
work cut trees tileroofs + worker till c. 25/Aug 7 am
Fri. 21/7 (Sotiris + 2 Tsainures men)
week 1 Mon 24/7 - Fri 28/7 1 workmen (2 days)
workmen (3 days)!
week 2 Mon 31/7 4 workmen. Fri 4/8 4 men
week 3 Mon 7/8 — 2 Fri 11/8 (Rhodri + Andreas leave Th. 10/8/78)
week 4 Mon 14/8 3 (Temp vineyard leave) Sun 13/8 Hight 50 Burling out up to Epidauros, The
Fri 18/8 + John J Smart Dep Fri 18/8 / Sat 19/8
week 5 Mon 21/8 4 Fri 25/8 (workmen + archaeol.) 21 — SAT 26/8
(in Week 5 Staff only 2. JEJ + D Smyth
D.Smyth first year of surveying on site (also 78, 79, 81, 83!, '90)
Week 6 Mon 28/8 Tues 29/8 Evening. think pots Wed. 30/8 Tough pots & BRAURON
on site

Base Thorikos village: rented house at N end of village set in behind others in pier road.
Transport Sotiris' pickup van at first, then central lorry + Johns acts (was at times.
Grants ① BSA ② Pont Acad. ③ Russell ④ UCNW Trust Research Travel Grant

Tools BSA loan, pickaxes, Belgian wheelbarrows + buckets.
Work all in Washery C cleaning areas to E workshop Rooms 1 - III m extra of
+ Trench A along facade of rooms.
+ tests for plaster in S.E edge of S. court
terracotta Lintel (nice) room II on floors some fairly complete pots

Chronology Also Lard visited AGRILEZA on Sat 1 Apr. 78
+ Deva wall + M. MUNN Sun. 2/4/78
Located Deva Wall "Salt" on Thurs 6/4/78 in Apostoliki J Meuno + 2 hrs Gruz
visited Souriza (+ ? Agr.) + Carophryge. + Tsainires students with
Students 1978 trip. Fri 7/4. (Sat. 8/4 Agr. visit & Penwyll v + 2 Real
[Earlier vac 1978] 1/4/78
JEJ. few back to London (~31 Aug or 1 Sept 1980) to take Sat 2/9
part in XI International Congress of Classical Archaeology (London) — Sat 9/9

UCNW Dept Notes 1928/79 seems that in long vac summer 1978 developed 2nd seas of Agrilega July-Aug 78; attended Sept Co XI Congress Arch London
+ Christmas vac 78/9 went to Germany
Post small packet Dockers 1978. Eurex 31/3 up 5.45 pm BED B.S.A every
9.09 from hut 2.40 Athens 7.15 pm.
Sat 1/4 Bus to Agr. Sun 2/4 + Mr Munn & Deva wall + mrst Sat 8/9 puy
Thurs 13/4 still up EP Sat ned Sun Stoa Sun 9/8
Luhaurth. 15/4. April EP 16/4 EP. Atticc Trouc?